LA GENTE Y LA CULTURA

SUSAN NICHOLS

Britannica®
Educational Publishing

IN ASSOCIATION WITH

ROSEN
EDUCATIONAL SERVICES

Published in 2018 by Britannica Educational Publishing (a trademark of Encyclopædia Britannica, Inc.) in association with The Rosen Publishing Group, Inc.
29 East 21st Street, New York, NY 10010

Distributed exclusively by Rosen Publishing.
To see additional Britannica Educational Publishing titles, go to rosenpublishing.com.

First Edition

Britannica Educational Publishing
J.E. Luebering: Executive Director, Core Editorial
Andrea R. Field: Managing Editor, Compton's by Britannica

Rosen Publishing
Nathalie Beullens-Maoui: Editorial Director, Spanish
Esther Sarfatti: Translator
Carolyn DeCarlo: Editor
Nelson Sá: Art Director
Michael Moy: Series Designer
Raúl Rodriguez: Book Layout
Cindy Reiman: Photography Manager
Nicole Baker: Photo Researcher

Library of Congress Cataloging-in-Publication Data

INames: Nichols, Susan, 1975- author.
Title: La gente y la cultura / Susan Nichols, translated by Esther Sarfatti.
Description: New York : Britannica Educational Publishing in Association with Rosen Educational Services, 2018. | Series: Explora América Latina | Audience: Grades 5-8. | Includes bibliographical references and index.
Identifiers: ISBN 9781538301074 (library bound : alk. paper) | ISBN 9781538301104 (pbk. : alk. paper) | ISBN 9781538301098 (6-pack : alk. paper)
Subjects: LCSH: Latin America--Social life and customs--Juvenile literature.
| Latin America--Intellectual life--Juvenile literature. | Latin America--Social conditions--Juvenile literature.
Classification: LCC F1408.3 .N49 2017 | DDC 980--dc23

Manufactured in the United States of America

CONTENIDO

INTRODUCCIÓN

En 1982, el Premio Nobel de Literatura fue otorgado a Gabriel García Márquez, autor colombiano de novelas célebres como *Cien años de soledad* y *El amor en los tiempos del cólera*. Márquez, en una entrevista con el *New York Times*, expresó algo de inquietud por haber obtenido el codiciado premio. Aunque no fue el primer escritor latinoamericano en recibirlo, temía que el mundo esperase que él representara a América Latina. "Debo intentar romper los clichés acerca de América Latina", dijo en la entrevista. "Las superpotencias y otros intrusos llevan siglos luchando por nosotros de una manera que no tiene nada que ver con nuestros problemas. En realidad, estamos solos".

Gabriel García Márquez, novelista colombiano y ganador del Premio Nobel.

García Márquez se refería al hecho de que la cultura latinoamericana, a menudo, se entiende mal o se interpreta de forma errónea. América Latina es mucho más diversa y dinámica de lo que algunos creen.

El nombre de América Latina tal vez suene raro, ya que no se habla latín en esta región. Sin embargo, el nombre

LUISIANA
a Nueva España 1763
(Audiencia de
Cuba)
St. Louis

San Francisco

TERRITORIO
BRITÁNICO

OCÉANO
ATLÁNTICO

30°

VIRREINATO
DE NUEVA ESPAÑA

Golfo de
México

Havana

CUBA

Ciudad de México

Santo Domingo

Acapulco

Mar Caribe

Guatemala

Cartagena

Caracas

Panamá

Bogotá

VIRREINATO
DE NUEVA GRANADA

GUYANA

Ecuador

0°

Quito

Pará

VIRREINATO
DEL BRASIL

Recife

Lima

Cuzco

Salvador

VIRREINATO
DEL PERÚ

Potosí

Río de
Janeiro

OCÉANO
PACÍFICO

30°

VIRREINATO
DEL RÍO
DE LA PLATA

Santiago

Montevideo

Buenos Aires

América hispana y
portuguesa en 1780

—— frontera entre los territorios
españoles y portugueses 1750

– – – frontera modificada 1778

PATAGONIA

0   600   1200 mi

0   900   1800 km

© 2009 Encyclopædia Britannica, Inc.

90°   75°   60°   45°

Este mapa de América, de 1780, muestra los cuatro virreinatos
españoles en verde y el territorio portugués (Brasil) en morado.

existe desde hace más de 150 años y se refiere a todos los países ubicados al sur de la frontera de Estados Unidos, ya que en ellos se habla idiomas que proceden del latín: español, portugués y francés. Incluso los demás idiomas, como las lenguas criollas que se hablan en las Antillas, son mezclas de lenguas latinas con otros idiomas, sobre todo africanos.

Más de 626 millones de personas viven en América latina. Piensa que en Estados Unidos viven unos 325 millones de personas y solo en Brasil, ¡hay unos 205 millones de habitantes! Brasil es el quinto país más poblado del mundo, y una tercera parte de la gente de América Latina vive allí.

América Latina cubre alrededor del 15% de la Tierra. La gente y las culturas son tan diversas como la región en sí misma, la cual incluye México, América Central, América

El perfil urbano de la ciudad de Panamá, la capital y ciudad más grande de Panamá.

del Sur y las Antillas. Todas estas zonas tienen características completamente diferentes. En las Antillas y el Caribe hay islas, por ejemplo, que gozan de un clima tropical. Por otra parte, muchos países del lado occidental de América del Sur están delineados por la cordillera de los Andes y tienen climas más frescos. Otro ejemplo son las ciudades de América Central y del Sur que están construidas en la costa, ya sea del Atlántico, Pacífico o golfo de México. En estas regiones influye mucho esa característica.

Aunque los países de América Latina son distintos en muchos aspectos (por ejemplo, la cultura brasileña es diferente de la peruana que, a su vez, es diferente de la cubana), todos tienen ciertos atributos más amplios en común. Estas similitudes se deben a la influencia de su historia compartida.

CAPÍTULO UNO

RAÍCES INDÍGENAS

Cuando Cristóbal Colón llegó a las Américas en 1492, abrió la vía para la colonización europea de lo que luego se conocería como el Nuevo Mundo. Las tierras que encontró, sin embargo, habían sido pobladas desde hacía mucho tiempo por los amerindios, la gente indígena de América del Norte y del Sur. De hecho, ya existían culturas con una antigüedad de, al menos, 13,000 años en los dos "nuevos" continentes y las islas vecinas de las Américas. La gente indígena era diversa en muchos aspectos. Tenían idiomas, religiones, sistemas de gobierno y tradiciones diferentes. En la época de la conquista europea de América Latina, las tres civilizaciones indígenas principales que más conocemos eran las de los mayas de Mesoamérica, los aztecas de México y los incas de Perú.

TRES CIVILIZACIONES CONOCIDAS

La cultura maya floreció entre 1000 a. C. y 1542 d. C. Los agricultores mayas cultivaban grandes cantidades de

(Continúa en la página 11)

Esta escultura maya, de México, hecha en terracota, data del siglo VIII y representa a una deidad que se adoraba como parte del culto al maíz.

¿QUÉ DÍA ES HOY?

Las civilizaciones maya y azteca, muy sofisticadas y con un alto nivel de desarrollo, lograron muchos progresos notables. Los sacerdotes mayas, por ejemplo, crearon un calendario o sistema para marcar el tiempo que constituyó la base de todos los demás sistemas utilizados por las antiguas civilizaciones mexicanas y centroamericanas.

El calendario maya tenía un ciclo de 365 días que trascurrían simultáneamente con un ciclo de 260 días con nombres. Los mayas creían que los días con nombres tenían ciertas características decisivas, mientras que los días sin nombre se consideraban de muy mala suerte, por lo que solían hacer ayunos o sacrificios para honrar a los dioses aquellos días.

Una página del Códex de Dresde, un manuscrito maya del siglo XIII que contiene tablas astronómicas.

El calendario se dividía en 18 meses de 20 días cada uno y un mes adicional de cinco días. También tenía un ciclo más largo de 18,980 días, o 52 años de 365 días (al ciclo más largo los mayas lo llamaban la "rueda calendárica").

Cada día del calendario se anotaba de una forma sofisticada y compleja. Se identificaba con cuatro características: 1) el número del día, 2) el nombre del día en el ciclo de 260 días, 3) el número del día dentro del mes y 4) el nombre del mes en el ciclo de 365 días.

Los aztecas aprovecharon la estructura del calendario maya para el suyo. Elaboraron rituales para celebrar y honrar a cada uno de los dioses de los días con nombres. También hacían una celebración cada 52 años, cuando los ciclos de los calendarios se "reiniciaban" a su posición original. Esta celebración se conocía como la "atadura de años" o la Ceremonia del Fuego Nuevo. Después de dejar que todos los fuegos rituales se apagaran, los sacerdotes aztecas encendían un nuevo fuego sagrado sobre el pecho de la víctima sacrificial. Luego, la gente utilizaba este fuego para encender el fuego en sus casas.

maíz para abastecer las ciudades y pueblos mayas. Tal vez porque el suministro de comida era abundante, los mayas tenían tiempo para dedicarse al arte y la religión. Se pueden encontrar ejemplos del arte y la arquitectura de los mayas en las ruinas de sus ciudades, como Tikal. Los sacerdotes mayas atendían los templos y lugares religiosos y mantenían el calendario maya. Alrededor de dos millones de indios mayas viven hoy día en el norte de Yucatán y en Guatemala.

Sus vidas son bastante parecidas a las de sus antepasados.

El pueblo azteca surgió en México alrededor del año 1200 d. C., y su civilización floreció, llegando a ser poderosa y avanzada. Cuando Hernán Cortés y los demás conquistadores españoles descubrieron su capital, Tenochtitlán, se quedaron asombrados al ver los enormes palacios y templos adornados en lo alto de las pirámides. Siendo una cultura que celebraba la religión, los sacerdotes aztecas elaboraron un calendario solar exacto, además de un almanaque con las fechas de varios festivales y documentación acerca de qué dioses eran

Un sacerdote azteca lleva a cabo una ofrenda sacrificial de un corazón humano vivo al dios de la guerra Huitzilopochtli. Esta ilustración es de una reproducción del Códex Magliabecchi.

70

responsables de ciertas épocas cada año. Los aztecas hablaban la lengua náhuatl. Ciudad de México está construida sobre las ruinas de Tenochtitlán, y algunos de los pueblos que viven hoy día en esa región son descendientes de los aztecas.

Los incas de Perú asimismo habían construido una civilización impresionante. Aunque no tenían un método de escritura, tenían un sistema de cuerdas anudadas, llama-

Un contable rinde cuentas al líder inca. Los contenidos de los almacenes están anotados en su quipu.

das *quipus*, para llevar las cuentas y calcular los impuestos. La lengua de los incas era el quechua. Hoy día, los pueblos sudamericanos que viven en el altiplano andino de Ecuador a Bolivia, aún hablan numerosas variedades regionales del quechua.

Además de estas tres civilizaciones, los pueblos arahuacos vivían en las islas del mar Caribe y al norte de América del Sur, y hablaban las lenguas arahuacas o arawak. Los que vivían en la isla de La Española (actualmente Haití y la República Dominicana) fueron los primeros indígenas que encontró Cristóbal Colón. La mayor parte de la población arahuaca murió después de la conquista española, pero aún existe un pequeño número en algunos países de América del Sur: Guyana, Surinam, la Guayana Francesa y Venezuela.

LA TRANSFORMACIÓN DE AMÉRICA LATINA

Los historiadores están de acuerdo en que la colonización europea de América Latina, que comenzó con la conquista española, cambió radicalmente a la gente y la cultura de la región. Muchos países formaron parte de esta colonización: España, Portugal, Francia, Inglaterra y la República Holandesa. Además, muchos de los colonizadores se establecieron en las nuevas colonias y nunca regresaron a sus países de origen. Algunos se casaron o tuvieron hijos con indígenas, lo cual cambió la composición étnica de la región aún más.

Otro hecho significativo es que los colonizadores solían participar en el comercio transatlántico de esclavos, el cual trajo a millones de africanos por la fuerza a América del Sur para que trabajaran la tierra. De esta manera, América Latina, cuya población era indígena, llegó a tener tres razas: los nativos americanos, los europeos y los africanos.

CAPÍTULO DOS

VIVIR EN AMÉRICA LATINA

Veamos dónde y cómo vive la mayor parte de la gente de América Latina. Aproximadamente una tercera parte de la población vive en Brasil, el país más poblado de la región. Otra quinta parte vive en México, justo al sur de Estados Unidos. Y la mayoría de esas personas viven en las zonas urbanas de estos dos países. De hecho,

Una vista aérea de Ciudad de México, la capital de México. Es una ciudad densamente poblada, con casi nueve millones de habitantes.

Ciudad de México y São Paulo han crecido tanto que se han convertido en dos de las áreas metropolitanas más grandes del mundo.

En general, las ciudades latinoamericanas han crecido rápidamente desde la década de 1940, tanto que las áreas suburbanas y rurales de muchos países de América Latina han sido absorbidas por las fronteras en expansión de estas ciudades. En un principio, la gente fue a las ciudades a buscar trabajo cuando sus países, sobre todo México y Brasil, se convirtieron en centros de fabricación del mercado internacional. Actualmente, el 80% de los latinoamericanos viven en ciudades. Según el periodista brasileño Paulo A. Paranagua: "Para 2050, un 90% de la población de América Latina vivirá en ciudades grandes y pequeñas. Brasil y el Cono Sur podrían llegar a este nivel para 2020".

EL PRISMA DE LA POBREZA

Desgraciadamente, mucha de la gente que se muda a estas ciudades gigantes no consigue mejorar su vida. La pobreza es un grave problema de las ciudades latinoamericanas. Aunque existen algunas personas muy ricas, hay muchas más que son de una pobreza extrema y, a menudo, no viven lejos las unas de las otras.

La parte más pobre de la población, que incluye a más de 100 millones de personas, vive en barriadas o asentamientos donde cada uno construye su vivienda de cualquier material que pueda conseguir. Estas casas suelen ser chozas o estructuras poco resistentes. Por tanto están más expuestas a los huracanes, terremotos y otros desastres naturales. El 12 de enero de 2010, un gran terremoto sacudió la isla de La Española, donde se encuentran tanto Haití como la República Dominicana. El terremoto ocurrió a 15 millas de Puerto Príncipe, la capital de Haití, y los haitianos fueron los que más sufrieron. Se calcula que casi 300,000 personas perdieron la vida, mientras que más de un millón de haitianos se quedaron sin casa.

Algunos estudios han demostrado que la pobreza genera violencia urbana. Según Paranagua: "Las ciudades latinoamericanas son los lugares más desiguales y a menudo más peligrosos del mundo". Los niveles de delincuencia son altos y hay mucha gente desempleada.

Las economías de estos países latinoamericanos todavía están en "vías de desarrollo", lo cual

(Continúa en la página 22)

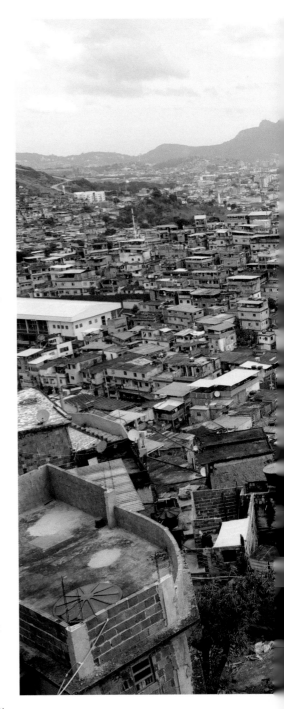

Vista panorámica de una barriada urbana de Río de Janeiro, Brasil.

¿BENEFICIOS DE TAMAÑO OLÍMPICO?

Los Juegos Olímpicos de Verano, uno de los eventos deportivos más esperados del mundo, tuvieron lugar en Río de Janeiro, Brasil, en 2016. Es un honor ser elegido como anfitrión de las Olimpíadas, por lo que ciudades de todo el mundo compiten para poder hacerlo en su propio casa. Ser sede de las Olimpíadas puede traer muchos beneficios a una ciudad y a un país en general, ya que acuden a ella los mejores atletas de todo el mundo para competir en numerosos deportes que incluyen desde natación a tiro deportivo, de fútbol a gimnasia y muchos más. La atención de los medios de todo el mundo se centra en la ciudad anfitriona, y en el país entero, durante varias semanas.

Cuesta mucho dinero albergar los Juegos Olímpicos. La mayoría de países construye al menos un edificio para los torneos y eventos. En 2012, Londres construyó varias estructuras, entre ellas un estadio olímpico y un velódromo. Cada dos años, la gente se plantea si el país anfitrión de las Olimpíadas de verano o invierno tiene dinero suficiente para albergar los juegos. Brasil, que sufre de altos niveles de pobreza, no fue la excepción. En 2016, mucha gente cuestionó si Brasil podría afrontar los gastos de ser anfitrión olímpico. Según Michael Dobie de Newsday, Brasil gastó $11 billones para albergar los juegos de verano. Algunos periodistas señalaron que el ciudadano brasileño medio no iba a poder permitirse comprar una entrada para asistir a alguno de los eventos.

También fueron motivo de preocupación el crimen y la violencia. A muchos atletas internacionales les inquietaba la idea de estar en Río de Janeiro por su alto nivel de delincuencia. El gobierno brasileño prometió aumentar las fuerzas de seguridad y la presencia policial durante los juegos, y cumplió su promesa. Pero los brasileños protestaron, ya que ellos debían pagar con sus impuestos el costo de este aumento.

Desde Río de Janeiro, Brasil, se pueden contemplar bellos paisajes, como este de la costa atlántica.

significa que el empleado promedio de América Latina no gana tanto como lo haría en un país con un sistema económico más estable. El sueldo promedio de un ciudadano de Estados Unidos es seis veces más alto que el de un ciudadano de Argentina o México, por ejemplo. De todas maneras, los sueldos varían muchísimo de un país a otro dentro de América Latina. Por ejemplo, el sueldo promedio de un mexicano es diez veces mayor que el de un haitiano o un nicaragüense.

Mural de David Alfaro Siqueiros, ubicado en el edificio de la rectoría de la Universidad Nacional de México, en la Ciudad de México. Realizado en relieve y mosaico de vidrio, en 1952-53.

ALTIBAJOS DEL SISTEMA EDUCATIVO

El sistema educativo de los países latinoamericanos suele ser bastante bueno, aunque muchas escuelas públicas no reciben suficiente financiamiento. En promedio, 94% de los niños están matriculados en primaria, 72% en secundaria, y en toda América Latina, el 92% de los adultos son alfabetas.

El sistema universitario tiene un nivel académico muy alto. Hay muchas universidades de renombre; como la Universidad Nacional Autónoma de México, en Ciudad de México; y la Universidad de São Paulo, en Brasil.

RELIGIÓN Y TRADICIÓN EN AMÉRICA LATINA

Algunas de las influencias más duraderas sobre la gente y la cultura de América Latina vienen de los colonizadores europeos. Recordemos que la misión de los conquistadores españoles era doble: enriquecerse y convertir a los nativos americanos al catolicismo. Durante la época de la colonización del Nuevo Mundo, a mucha gente indígena se la obligó a convertirse al catolicismo, igual que a los africanos llevados a la fuerza a América Latina como esclavos. El resultado directo es que hoy día entre el 70 y el 95% de los latinoamericanos son cristianos. Entre ellos, el 90% son católicos, aunque las ramas protestantes, sobre todo la Iglesia evangélica, se han vuelto más populares.

FIESTAS RELIGIOSAS EN AMÉRICA LATINA

Muchos latinoamericanos observan las fiestas cristianas, como la Navidad, la celebración del nacimiento de Jesús

Decoraciones navideñas en el Parque Norte de Medellín, Colombia.

de Nazaret, el fundador de la fe cristiana. Algunas veces, estas celebraciones incorporan tradiciones que no resultan familiares a las personas que no conocen estas culturas y sus contextos individuales. En algunos países de América Latina, como El Salvador, es típico lanzar fuegos artificiales en Navidad. En Panamá, los cristianos hacen y decoran muñecas de tamaño real que se parecen a algún miembro de la familia. Muchos latinoamericanos también tienen la costumbre de hacer un belén con escenas que recrean el nacimiento de Jesús en el pesebre. Dentro de la escena ponen figuras del niño Jesús; de María, su madre; de José, el esposo de María; de varios animales; de los tres Reyes Magos y de pastores y ángeles.

Otra de las principales fiestas religiosas de América Latina es la Pascua, que celebra la resurrección de Jesucristo (cuando Jesús volvió a la vida después de morir). En el Domingo de Pascua, o de Resurrección, culmina la Semana Santa, que es una conmemoración muy importante en los países de América Latina. La Semana Santa comienza el Domingo de Ramos y termina el Domingo de Pascua. En muchos países hay procesiones donde la gente lleva la imagen de Jesucristo y va a la iglesia. Mucha gente también tiene la costumbre de ayunar en Viernes Santo, el día que se conmemora la muerte de Jesucristo, como una forma de penitencia y oración.

CULTURAS MIXTAS, RELIGIONES MIXTAS

Muchos latinoamericanos practican religiones que son sincretismos. Un sincretismo es una mezcla de dos o más diferentes sistemas de creencias. Por ejemplo, la santería es una religión popular en Cuba. La palabra santería se refiere al culto de las imágenes de los santos. La santería es una fusión de las tradiciones religiosas de los yorubas del oeste de África con el credo católico. De esta forma muchos africanos pudieron conservar su herencia religiosa al llegar a América Latina como esclavos.

En Haití, el legado religioso africano se refleja en la popularidad del vudú, otra religión sincrética. El vudú es

(Continúa en la página 29)

LA SANTERÍA

Aunque la mayoría de los latinoamericanos son cristianos, las religiones sincréticas también son populares. Una de ellas es la santería, llamada así por el culto a los santos. Es una fusión de tradiciones africanas occidentales y católicas que surgió como resultado del comercio de esclavos en la isla de Cuba, en el Caribe.

¿En qué creen los santeros? Creen en un dios principal, Olodumare, y en los orishás, o espíritus. Los orishás ayudan a los humanos a llegar a su potencial máximo y vivir vidas felices, razón por la cual los humanos deben rendirles culto. Sin embargo, los orishás son mortales y, para sobrevivir, necesitan que se les hagan sacrificios, sobre todo sacrificios animales para alimentar los espíritus.

Se ofrecen sacrificios por varios motivos, como las bodas, funerales o momentos de dificultad o de crisis, como las enfermedades. La persona que hace el sacrificio come la carne del animal porque cree que su sangre es para el orishá.

Los santeros también hacen una ceremonia llamada *bembé*, que consiste en tocar los tambores y bailar para invitar al orishá a unirse a ellos y guiarlos.

Las mujeres yoruba, en África, hacen una danza tradicional que es muy importante para los santeros de Cuba.

Los seguidores de la religión vudú se bañan en una piscina sagrada durante el festival anual del vudú, que tiene lugar en Souvenance, Haití, durante el fin de semana de la Pascua.

una mezcla de catolicismo, tradiciones yorubas y congas, y creencias de los taínos (un grupo de pueblos indígenas arahuacas) del Caribe. En Jamaica, la religión obeah a menudo se compara con el vudú haitiano. La gente que sigue esta religión cree que existen pociones y otras cosas que tienen el poder espiritual de alejar el mal.

Dos religiones populares de Brasil son el umbanda y el candomblé. Las dos mezclan el catolicismo, las creencias indígenas sudamericanas, y la macumba, que significa 'magia'. En la macumba, que se heredó de la población africana de Brasil, son característicos los sacrificios de animales y las ofrendas espirituales. En América del Sur, también existen comunidades que practican el islam, el judaísmo, el hinduismo y el budismo. Muchos miembros de estas comunidades son inmigrantes, aunque también hay gente que se ha convertido a estas religiones.

CAPÍTULO CUATRO

RAZA, ETNIA Y LENGUA

Aunque los latinoamericanos tienen algunas características comunes —sus vibrantes culturas indígenas, la conversión de una mayoría de la población al cristianismo, y la historia compartida del colonialismo europeo—, son diversos en muchos otros aspectos, entre ellos la raza, la etnia y la lengua.

UNA HERENCIA MIXTA

Existe una gran variedad de grupos raciales y étnicos en toda la región. Como habitantes originales de América del Sur y del Caribe, los grupos indígenas, representados por muchas tribus individuales y distintas, aún prevalecen en América Latina. También hay blancos, que son descendientes de los europeos, así como africanos, descendientes de los que fueron obligadas a servir como esclavos durante la época del comercio de esclavos en América Latina.

La mayor parte de los latinoamericanos se identifican a sí mismos como mestizos, es decir, de origen mixto europeo e

Una mujer zapoteca en Ocotlán, México. Los miembros de los grupos indígenas descienden de los habitantes originales de las Américas y del Caribe.

indígena. A veces, en América Central, a los mestizos se les llama *ladinos*. Otros se identifican como mulatos, o personas de origen mixto europeo y africano.

También existen algunas comunidades en América Latina que son del sur de Asia. Estos grupos están presentes sobre todo en países como Guyana, Trinidad y Surinam. En Brasil, Perú, México y Cuba, se encuentran comunidades de gente de origen japonés y chino.

LA LENGUA: UNA HERENCIA QUE UNE

La lengua de América Latina es predominantemente el español, herencia de la colonización de la región por España. Lo hablan unos 400 millones de personas. Por otra parte, Brasil fue colonizado por Portugal, y su lengua principal es el portugués. Debido a la población tan grande de Brasil, el portugués es el idioma que se habla con más frecuencia en el continente sudamericano, con 200 millones de hablantes. El inglés también se habla bastante en la región.

Aunque un número más

Carteles escritos en portugués e inglés aparecen por todo el interior del estadio Maracaná en Rio de Janeiro, Brasil.

(Continúa en la página 34)

EL CRIOLLO HAITIANO

En países como Haití, el idioma dominante es el criollo, basado en el francés, ya que Francia fue una de las potencias europeas que colonizaron La Española.

Según el experto en lingüística Albert Valdman: "El término criollo viene de una palabra portuguesa que significa 'criado en casa'. Al principio se refería a los europeos nacidos y criados en las colonias de ultramar. Después se usó para nombrar los idiomas que surgieron en las plantaciones establecidas por los europeos". De hecho, el criollo haitiano surgió

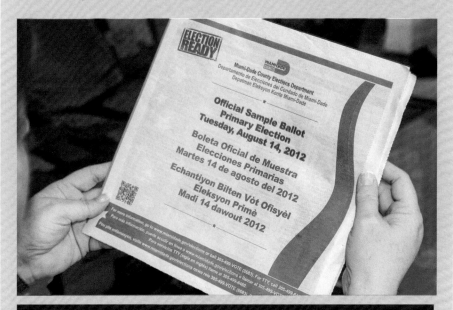

Además del inglés y el español, el criollo haitiano aparece en las papeletas de muestra de Miami Beach, Florida, una señal de la creciente comunidad haitiana en esta ciudad.

para que los franceses dueños de esclavos pudieran comunicarse con sus esclavos africanos. Los esclavos venían de varias regiones de África, y a menudo llegaban en barcos donde se hablaba una variedad de idiomas. Estos idiomas se fusionaron y se mezclaron con el francés informal de los dueños de los esclavos, y así nació un nuevo idioma.

Actualmente, más del 95% de los haitianos, unos diez millones de personas, hablan el criollo, además de otro millón de haitianos que vive fuera de La Española. En 1987 fue declarada una de las lenguas oficiales de Haití. Esto es muy raro; varios países latinoamericanos tienen un idioma criollo basado en el francés. En Haití, el criollo no es un dialecto, sino una lengua oficial que se usa en las escuelas, el gobierno y otros sitios oficiales.

pequeño de latinoamericanos hablan el francés y el criollo —unos ocho millones—, estas lenguas son importantes en el Caribe. En Guyana, ubicada en la costa atlántica de América del Sur, el hindi y el urdu se hablan entre los miembros de la comunidad del sur de Asia. En Trinidad y Tobago, dos países que comparten una isla cercana a la costa de Venezuela, el chino también se habla en algunas comunidades.

Muchos grupos indígenas consiguieron preservar sus idiomas a pesar del colonialismo europeo, los cuales han sobrevivido hasta hoy. En Perú, Ecuador y Bolivia, por ejemplo, aún se habla el quechua y el aimara, mientras que en México todavía se oye hablar el náhuatl, y en América Central se conservan las lenguas de los mayas.

CAPÍTULO CINCO

LITERATURA Y ARTE DE AMÉRICA LATINA

La cultura latinoamericana es tan innovadora y diversa como su gente. Muchos artistas, escritores y músicos latinoamericanos de renombre, tanto del pasado como del presente, han inspirado a gente de todo el mundo.

PINCELADAS FUERTES

En el mundo del arte, Roberto Matta, de Chile, es famoso por sus obras de expresionismo abstracto y surrealismo. Conocido popularmente como "Matta", nació en Santiago, Chile, en 1911. En España, hizo amistad con los escritores Pablo Neruda y Federico García Lorca; este último le presentó a dos artistas europeos, los surrealistas Salvador Dalí y André Bretón. En 1937 fue invitado a participar en un grupo de artistas surrealistas. En su obra artística, Matta incorpora comentarios políticos y sociales, sobre todo en una colección conocida en conjunto como *El Mediterráneo y Verbo América*.

Uno de los artistas latinoamericanos más populares fue el muralista Diego Rivera, cuya fama solo es compara-

En esta fotografía de 1978 aparece el artista chileno Roberto Matta en el pabellón de artistas chilenos, todavía en construcción, de la Bienal de Venecia, Italia.

ble con la de su esposa, la magistral pintora Frida Kahlo. Rivera nació en Guanajuato, México, en 1886; y cuando tenía tan solo diez años fue a Ciudad de México, para estudiar en la Academia de Bellas Artes de San Carlos. Rivera decidió dedicarse a crear arte que reflejara las vidas y aspiraciones del pueblo mexicano. La Revolución mexicana (1910-1920) lo conmovió y lo hizo sentirse orgulloso de que México se encaminara hacia el derrocamiento de la tiranía y la búsqueda de la libertad. Una de sus obras más populares es una serie de murales, en Ciudad de México, titulada *La epopeya del pueblo mexicano*. En estos frescos Rivera pintó la historia de México, desde los tiempos prehispánicos hasta la modernidad del siglo XX.

Matta, Rivera y Kahlo, entre otros muchos artistas latinoamericanos, fueron internacionalmente reconocidos y aclamados. Sus obras influyeron a otros artistas de todo el mundo. Pero también es importante señalar que muchos otros artistas latinoamericanos han producido obras que son más apreciadas localmente, aunque no menos importantes. Por ejemplo, numerosos artistas indígenas han creado preciosas piezas de cerámica, tallas en madera, máscaras ceremoniales, pinturas y otras obras que se consideran "arte folclórico", o arte popular.

UNA RICA TRADICIÓN LITERARIA

La literatura latinoamericana también es celebrada, y muy apreciada, tanto a nivel local como internacional. Muchos escritores latinoamericanos han recibido el Premio Nobel de Literatura, entre ellos Gabriela Mistral (Chile), Miguel Ángel Asturias (Guatemala), Pablo Neruda (Chile), Gabriel

(Continúa en la página 39)

ARTE FEMINISTA

Por su talento y sensibilidad artística, la pintora mexicana Frida Kahlo es igualmente reconocida que su esposo, Diego Rivera. Kahlo nació en 1907 en Coyoacán, México. Cuando era niña, enfermó de polio. Aunque sobrevivió, la enfermedad la dejó coja de una pierna. Años después, se lesionó gravemente en un accidente de autobús que la dejó con la columna vertebral y la pelvis dañadas. Comenzó a pintar mientras se recuperaba del accidente, siendo ella misma el tema de la mayoría de sus pinturas. Creaba autorretratos que revelaban aspectos de su vida muy personales y emocionales. Su trabajo se expuso en Europa y en Estados Unidos, y su fama sigue creciendo en los años posteriores a su muerte. De hecho, es considerada un icono feminista porque siempre mantuvo sus propias ideas y temas en sus obras de arte. Nunca permitió que la obra de su esposo eclipsara la suya.

Una fotografía de los artistas mexicanos Frida Kahlo y Diego Rivera, quienes estaban casados.

García Márquez (Colombia), Octavio Paz (México) y
Mario Vargas Llosa (Perú). Hoy día numerosos escritores
latinoamericanos contemporáneos disfrutan de gran po-
pularidad, tanto en América Latina como en el extranjero.
Algunos de ellos son los escritores chilenos Alejandro
Zambra y Roberto Bolaño (cuya obra ha sido muy elogiada
desde su muerte prematura en 2003), el haitiano Edwidge
Danticat y el brasileño Paulo Coelho.

Una de las tendencias literarias de más éxito en
América Latina es el *realismo mágico,* un estilo literario de
ficción que mezcla acontecimientos reales con elementos
fantásticos de forma muy particular. Dos de sus represen-
tantes más conocidos son el escritor colombiano Gabriel
García Márquez e Isabel Allende, una escritora chilena
nacida en 1942, en Lima, Perú. Allende es famosa, sobre
todo por su novela *La casa de los espíritus.* También ha
escrito un libro autobiográfico muy conmovedor, *Paula,*
acerca de la vida y muerte de su hija.

Otros escritores latinoamericanos también han abierto
nuevos caminos en la literatura con estilos innovadores,
como narrativas experimentales donde la interpretación
del tiempo, espacio y/o reallidad difiere de otros. Borges
es muy conocido por usar este método. Jorge Luis Borges,
nació en 1899, en Buenos Aires, Argentina. Pasó su juven-
tud en Suiza y España. Volvió a Argentina y comenzó a
escribir poesía y cuentos. Experimentó con diferentes exten-
siones y formas. Muchos de sus cuentos se narran de forma
fragmentada y el lector debe juntar las piezas para saber
qué ocurre. Los temas de Borges son filosóficos, cuestionan
el sentido de la vida y la realidad; por ejemplo, algunos de
sus personajes principales son escritores que reflexionan
sobre el proceso de la escritura.

El presidente Barack Obama presenta la Medalla Presidencial de la Libertad a la autora Isabel Allende. El homenaje fue en la Casa Blanca, el 24 de noviembre de 2014, en Washington, D. C.

UN MAESTRO DEL REALISMO MÁGICO

Gabriel García Márquez, nacido en Aracataca, Colombia, en 1927, es uno de los autores de más renombre dentro del estilo del realismo mágico. Recibió el Premio Nobel de Literatura en 1982. Dos de sus novelas más conocidas son *Cien años de soledad* y *El amor en los tiempos del cólera*.

En sus obras, García Márquez celebra las vidas de la gente corriente de Colombia. Su famoso cuento "Un señor muy viejo con unas alas enormes" es un buen ejemplo de este género. En el cuento, el personaje principal encuentra a un señor mayor herido:

> *Estaba vestido como un trapero. Le quedaban apenas unas hilachas descoloridas en el cráneo pelado y muy pocos dientes en la boca, y su lastimosa condición de bisabuelo ensopado lo había desprovisto de toda grandeza. Sus alas de gallinazo grande, sucias y medio desplumadas, estaban encalladas para siempre en el lodazal.*

Aquí al hombre se le describe en general de forma realista. El hecho de que le crezcan alas de la espalda se trata como un detalle más, a pesar de ser algo imaginario.

Celia Cruz, fotografiada aquí en 1962, fue una cantante cubanoestadounidense conocida durante décadas como la Reina de la Salsa.

INNOVADORES MUSICALES

Igual que el arte y la literatura de esta región, la música de América Latina tiene una mezcla de influencias indígenas, europeas y africanas. En Cuba, la influencia africana es evidente en la música de estilo afrocubano. Los músicos utilizan instrumentos y ritmos para crear un estilo musical nuevo y emocionante. Uno de los músicos más conocidos de este estilo es Alejandro García Caturla, nacido en 1906 en Remedios, Cuba, donde pasó la mayor parte de su vida. Se le considera uno de los compositores más importantes del último siglo por sus piezas imaginativas y líricas, que incluyen *Tres danzas cubanas* y *Bembé*.

Domingo Santa Cruz, un músico y compositor chileno, nació en 1899. Fundó muchas instituciones y organizaciones musicales con el fin de promover la música chilena, como la Sociedad Bach, la Revista Musical Chilena y el Instituto de Extensión de Artes Plásticas.

Muchos estilos musicales se originaron en América Latina o tienen alguna conexión con la región, como la salsa y la música *tex-mex*. La música *reagge* se originó en Jamaica, mientras que la bomba y la plena son géneros musicales de Puerto Rico. De las culturas de Trinidad y Tobago surgieron la música calipso y la soca.

Las tradiciones literarias, artísticas y musicales latino-americanas son vibrantes y dinámicas, y sacan fuerzas de la población e historia tan diversas de la región.

GLOSARIO

barriada asentamiento habitado por gente pobre en el cual las casas se suelen construir de materiales poco resistentes.

bomba estilo de música popular en Puerto Rico.

catolicismo rama del cristianismo que tiene como padre espiritual al papa, que está en la ciudad del Vaticano, en Italia.

colonialismo sistema de opresión y ocupación de una potencia nacional sobre otra.

criollo fusión del francés con lenguas africanas que se habla en el Caribe.

indígena que pertenece a un lugar, como por ejemplo la gente de los pueblos originarios de América Latina.

macumba religión que se practica en Brasil.

mestizo persona de ascendencia mixta indígena y europea.

mulato persona de ascendencia mixta europea y africana.

mural forma de arte en la cual se realizan pinturas grandes en espacios amplios, usando como soporte paredes o muros en lugar de lienzos.

obeah religión que es popular en el Caribe.

orishás espíritus adorados por los seguidores de la santería.

plena estilo de música popular en Puerto Rico.

quipu sistema de cuerdas anudadas usado por la civilización inca para llevar las cuentas y calcular impuestos.

realismo mágico estilo de escritura popularizado por autores latinoamericanos, que incluye elementos fantásticos o imaginarios en el relato realista.

reggae estilo de música que es popular en Jamaica.

rueda calendárica sistema de días en un ciclo de 52 años que es característico del calendario maya.

salsa estilo de música de origen cubano.

santería religión popular en Cuba que mezcla el catolicismo con tradiciones yorubas de África.

Semana Santa semana en que se conmemora la muerte y resurrección de Jesús y que finaliza en el Domingo de Pascua (o Domingo de Resurrección).

sincretismo mezcla de culturas y tradiciones, como, por ejemplo, las religiones sincréticas de América Latina que mezclan creencias europeas, indígenas y africanas.

soca estilo de música que se originó en el Caribe.

surrealismo movimiento artístico y literario del siglo XX que intentaba expresar los contenidos irracionales del subconsciente, como los sueños, que no tienen moral ni lógica.

vudú religión que se practica principalmente en Haití, y combina creencias tradicionales africanas con elementos de catolicismo.

Engle, Margarita. *Enchanted Air: Two Cultures, Two Wings: A Memoir*. Nueva York, NY: Atheneum Books for Young Readers, 2016.

Farnsworth-Alvear, Ann, Marco Palacios, and Ana María Gómez López. *The Colombia Reader: History, Culture, Politics*. Durham, NC: Duke University Press, 2016.

Forrest, John and Julia Porturas. *Peru* (Culture Smart!: The Essential Guide to Customs & Culture). Londres, RU: Kuperard Publishers, 2012.

Gofen, Ethel. *Argentina: Cultures of the World*. Nueva York, NY: Cavendish Publishers, 2012.

Keen, Benjamin and Keith Haynes. *A History of Latin America*, 9th Edition. Boston, MA: Cengage Learning, 2012.

Ng Cheong-Lum, Roseline. *Haiti* (Cultures of the World). Nueva York, NY: Cavendish Publishers, 2016.

Peppas, Lynn. *Cultural Traditions in Jamaica*. Nueva York, NY: Crabtree Publishing, 2015.

Shields, Charles. *El Salvador* (Discovering Central America: History, Politics, and Culture). Broomall, PA: Mason Crest Publishers, 2015.

SITIOS DE INTERNET

Debido a la naturaleza cambiante de los enlaces de internet, Rosen Publishing ha elaborado una lista de sitios web relacionados con el tema de este libro. Este sitio se actualiza de forma regular. Por favor, utiliza este enlace para acceder a la lista:

http://www.rosenlinks.com/ELA/people

ÍNDICE